LIGHTNING BOLT BOOKS™ en español

Explora la Tierra

Jackie Golusky

ediciones Lerner • Mineápolis

PAGE PLUS

¡Escanea el código QR en la página 21 para ver la Tierra en 3D!

Título original: *Explore Earth*

La traducción al español fue realizada por Zab Translation.

ediciones Lerner
Una división de Lerner Publishing Group, Inc.
241 First Avenue North
Mineápolis, MN 55401, EE. UU.

Si desea averiguar acerca de niveles de lectura y para obtener más información, favor consultar este título en www.lernerbooks.com.

Fuente del texto del cuerpo principal: Billy Infant regular.
Fuente proporcionada por SparkType.

Library of Congress Cataloging-in-Publication Data

The Cataloging-in-Publication Data for *Explora la Tierra* is on file at the Library of Congress.
ISBN 979-8-7656-0815-9 (lib. bdg.)
ISBN 979-8-7656-2321-3 (pbk.)
ISBN 979-8-7656-1217-0 (eb pdf)

Fabricado en los Estados Unidos de América
1-1009447-51454-4/14/2023

Contenido

Todo sobre la Tierra 4

La luna de la Tierra 8

La vida en la Tierra 12

Estudiar la Tierra 16

Datos sobre los planetas 20

Historia espacial 21

Glosario 22

Más información 23

Índice 24

Todo sobre la Tierra

Rocas rojas te rodean. No estás en Marte. ¡Estás en la Tierra!

Este diagrama muestra el orden de los planetas en el sistema solar.

La Tierra es un planeta del sistema solar. Es el tercer planeta desde nuestra estrella, el Sol. Está a unos 93 millones de millas (150 millones de kilómetros) del Sol.

La Tierra tiene un diámetro de 7918 millas (12 743 km), mientras que el Sol tiene unas 864 400 millas (1,39 millones de kilómetros) de diámetro. La Tierra entraría más de un millón de veces dentro del Sol.

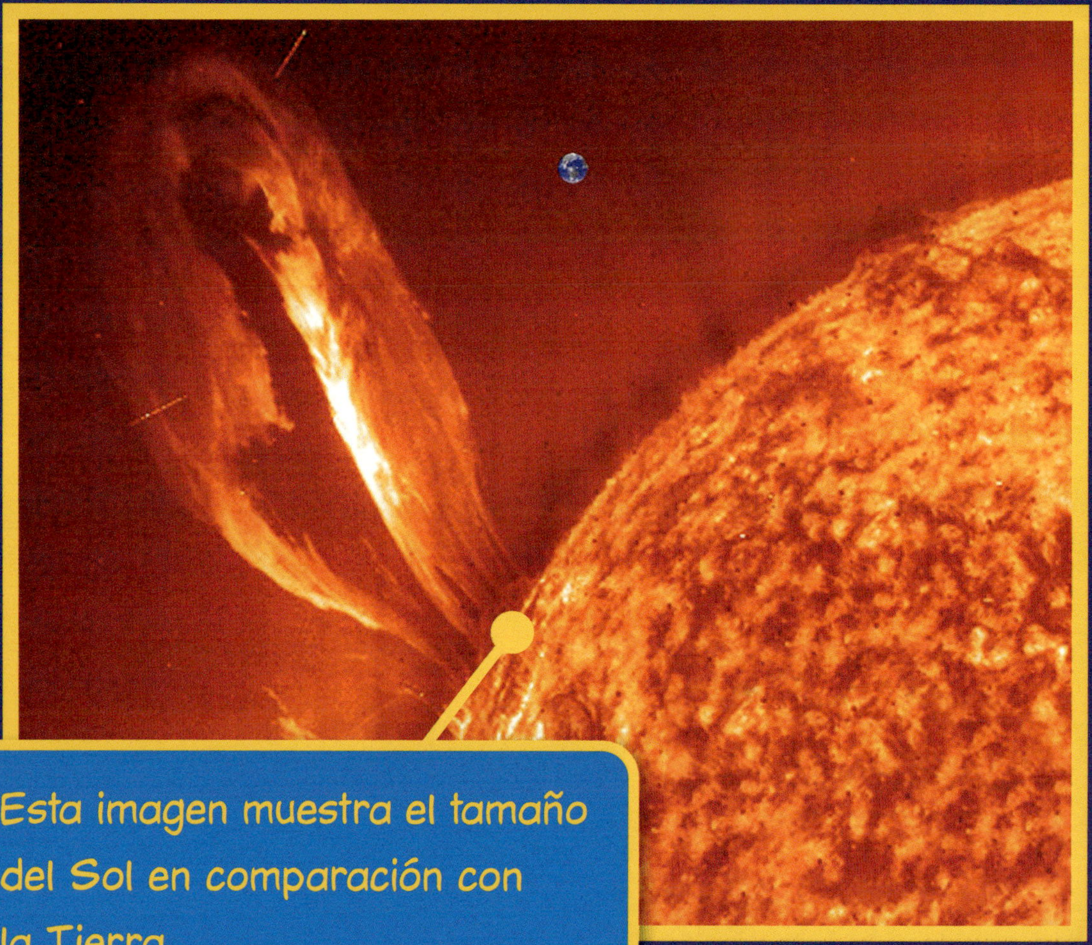

Esta imagen muestra el tamaño del Sol en comparación con la Tierra.

La Tierra es un planeta rocoso.

Está compuesta mayormente de metales y rocas. La Tierra es el planeta rocoso más grande y el quinto por su tamaño en nuestro sistema solar.

Estos son los planetas rocosos del sistema solar. *De arriba abajo*, podemos ver a Marte, la Tierra, Venus y Mercurio.

La luna de la Tierra

La Tierra tiene una luna. La Luna gira alrededor de la Tierra con un recorrido en forma de óvalo llamado órbita. A la Luna le lleva unos veintisiete días orbitar la Tierra.

Muchos científicos creen que la Luna se creó cuando un objeto de gran tamaño se estrelló contra la Tierra hace miles de millones de años.

Objetos rocosos chocaron contra la Luna y dejaron cráteres enormes. Un cráter tiene más de 52 millas (84 km) de ancho.

El 15 de febrero de 2020, los científicos descubrieron una roca pequeña que orbitaba la Tierra. Llamaron a la roca miniluna. La miniluna tiene el tamaño aproximado de una lavadora.

Los científicos creen que la Tierra ha tenido muchas minilunas a lo largo de su historia.

La gravedad de la Tierra atrajo a la miniluna a la órbita en 2017. Pero la miniluna orbitó solo unos pocos años antes de que la gravedad de la Tierra la lanzara lejos en 2020.

Este diagrama muestra la órbita de la miniluna alrededor de la Tierra antes de que fuera lanzada al espacio.

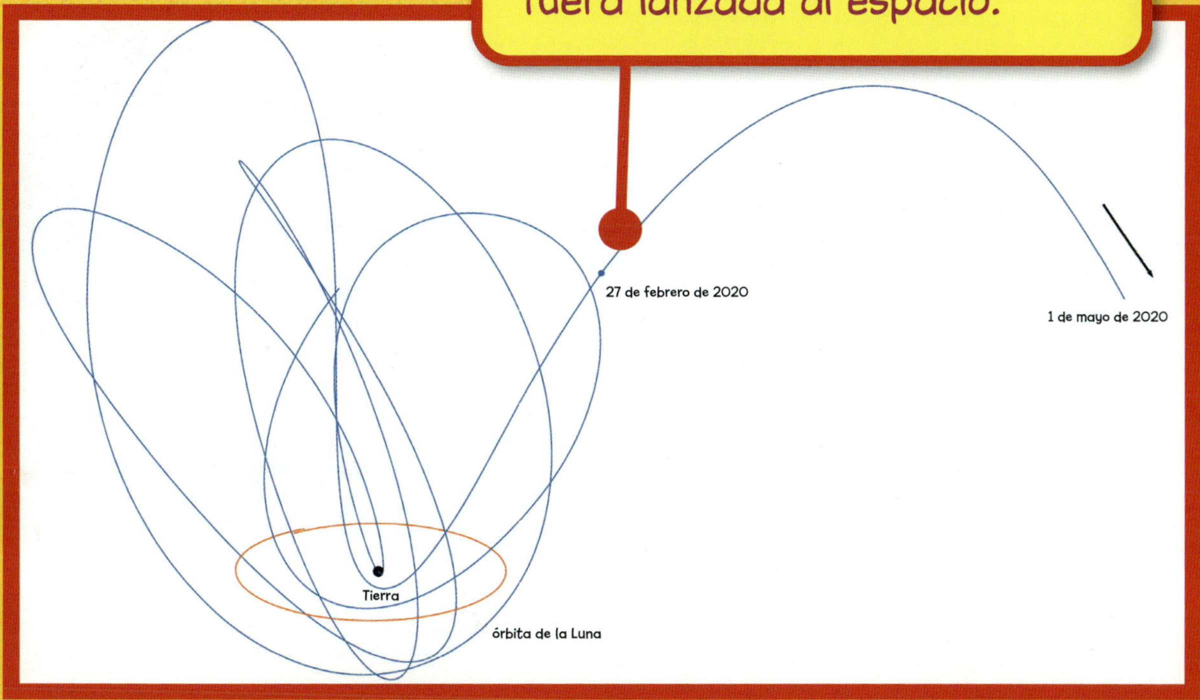

La vida en la Tierra

La Tierra tiene mucha agua y una atmósfera respirable. Está a la distancia correcta del Sol, que ayuda a darle sustento a la vida. Si estuviéramos más cerca, haría demasiado calor. Si estuviéramos más lejos, haría demasiado frío.

La Tierra está inclinada sobre un eje. Esta inclinación da origen a las estaciones. Cuando un lado de la Tierra está inclinado hacia el Sol, es verano en ese lado. Cuando la inclinación aleja un lado del Sol, es invierno en ese lado.

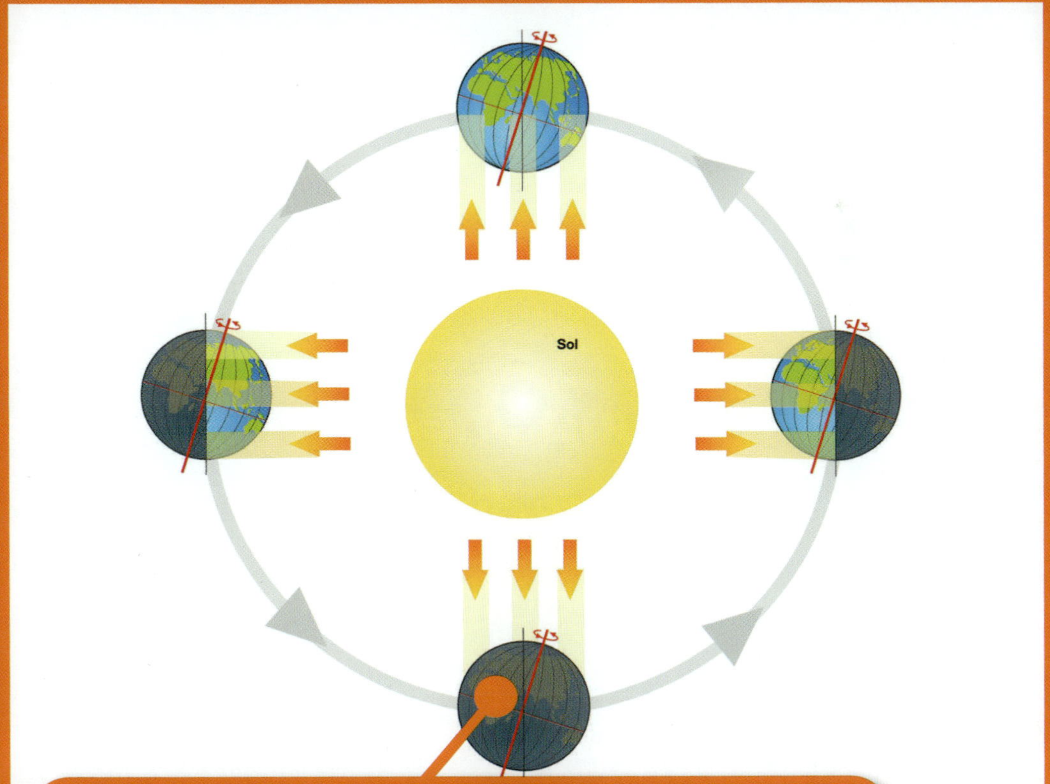

Este diagrama de la órbita de la Tierra alrededor del Sol muestra la inclinación del eje de la Tierra (*línea roja*).

En fotografías desde el espacio de lugares cerca del ecuador de la Tierra se puede ver el agua azul brillante y bosques verdes.

El ecuador es una línea invisible que rodea la parte media de la Tierra. La Tierra es más cálida a lo largo del ecuador. El ecuador permanece caliente porque no se aleja del Sol.

El cambio climático está cambiando la Tierra.

La atmósfera tiene gases que pueden atrapar el calor. Este calor provoca que los glaciares se derritan y suban los niveles del mar. También puede provocar un clima más extremo.

Un glaciar es una masa enorme de hielo que fluye muy lentamente por la tierra.

Estudiar la Tierra

El programa Artemis de la NASA tiene previsto enviar astronautas a la Luna para 2024. Los astronautas harán una mayor exploración de la Luna. Esperan encontrar agua en ella.

Un submarino pone cebos para atraer un pez baboso en las profundidades del mar.

Los océanos cubren la mayor parte de la Tierra, pero los científicos han explorado solo su 5 por ciento. En 2014, los científicos descubrieron peces babosos que vivían a 26 722 pies (8145 m) de profundidad. Antes, las personas creían que no había nada que pudiera vivir a esa profundidad en el océano.

La nave espacial Sentinel-6A está ubicada en una cámara estéril antes del despegue. La nave espacial debe mantenerse limpia porque la suciedad en el equipo puede arruinar un despegue.

Los científicos estudian el océano desde el espacio durante la misión Sentinel-6/Jason-CS. La misión hará un seguimiento de los niveles del mar hasta 2030. Los científicos quieren ver cuánto suben los niveles del mar debido al cambio climático.

Los científicos están siempre descubriendo cosas nuevas sobre la Tierra y su luna.

A bordo de la Estación Espacial Internacional, los astronautas pueden ver la Tierra como nunca antes.

Datos sobre los planetas

- Un año sobre la Tierra tiene 365,25 días, por eso cada cuatro años tenemos un día extra. Este es el motivo por el que hay un año bisiesto cada cuatro años.
- La Luna está a 238 855 millas (384 400 km) de la Tierra, lo que significa que nuestro planeta podría caber treinta veces entre la Tierra y la Luna.
- Con frecuencia, los científicos miden distancias en el espacio exterior en unidades astronómicas (au). Una au es la distancia entre el Sol y la Tierra. De modo que la Tierra está a una au del Sol.

Historia espacial

La Tierra es el único planeta de nuestro sistema solar que no lleva el nombre de un dios o diosa griego o romano. En inglés, el nombre *Earth* deriva de la palabra en alemán para designar “tierra”.

¡Escanea el código QR a la derecha para ver la Tierra en 3D!

Glosario

atmósfera: el aire que envuelve a la Tierra

cambio climático: un cambio en las condiciones meteorológicas que se produce con el tiempo debido a los gases que atrapan el calor

clima: la temperatura y las condiciones en el exterior

cráter: un agujero redondo grande en el suelo

eje: una línea invisible sobre la que gira la Tierra

gas: material que es como aire y no tiene forma fija

glaciar: una pieza de hielo enorme

gravedad: una fuerza que une las cosas

miniluna: una roca pequeña que orbita un planeta durante un período breve

sistema solar: una estrella y los planetas que se mueven a su alrededor

Más información

Brundle, Joanna. *The Scale of the Solar System*. Nueva York: Crabtree, 2020.

Golusky, Jackie. *Explora Marte*. Mineápolis: ediciones Lerner, 2024.

NASA: All about Earth
https://spaceplace.nasa.gov/all-about-earth/en/

NASA: What Is Happening in the Ocean?
https://climatekids.nasa.gov/ocean/

National Geographic Kids: Mission to Earth
https://kids.nationalgeographic.com/explore/space/mission-to-earth/

Rector, Rebecca Kraft. *The Moon*. Nueva York: Enslow, 2019.

Índice

cambio climático, 15, 18

ecuador, 14
estaciones, 13

lunas, 8-9, 16, 19

NASA, 16

océanos, 17-18

sistema solar, 5, 7

vida, 12

Créditos por las fotografías

Créditos de las imágenes: Edwin Verin/Shutterstock.com, p. 4; WP/Wikimedia Commons (CC BY-SA 3.0), p. 5; NASA/GSFC/SOHO/ESA (CC BY 2.0), p. 6; NASA/JHUAPL (Mercurio); NASA (Venus); Nasa/Apollo 17 crew (Tierra); ESA/MPS/UPD/LAM/IAA/RSSD/INTA/UPM/DASP/IDA/ (Marte); Wikimedia Commons, p. 7; NASA/JPL/USGS, p. 8; NASA/JPL-Caltech/T. Pyle (SSC), p. 9; NASA/JPL-Caltech, p. 10; NASA/JPL/Javier Roa Vicens, p. 11; NASA, pp. 12, 14, 16, 19; Soleil Nordic/Shutterstock.com, p. 13; Martin St-Amant/Wikimedia Commons (CC BY-SA 3.0), p. 15; Dr Alan Jamieson y Dr Thomas Linley, Newcastle University. RV Sonne voyage SO261, HADES-ERC, p. 17; NASA/IABG, p. 18.

Portada: NASA/NOAA/GSFC/Suomi NPP/VIIRS/Norman Kuring.